CW01654400

À table citoyens !

PÉRICO LÉGASSE

À TABLE CITOYENS !

Pour échapper à la malbouffe et sauver nos paysans

Le poing sur la table

LES ÉDITIONS DU CERF

www.editionsducerf.fr
24, rue des Tanneries
75013 Paris

ISBN 978-2-204-11081-5
ISSN 2425-5521

À tous les paysans tombés aux champs d'honneur.
À ceux qui survivent pour nous nourrir
en respectant l'homme et la Terre.

Le monde est dangereux à vivre, non pas tant
à cause de ceux qui font le mal, mais à cause
de ceux qui les regardent et laissent faire.

ALBERT EINSTEIN

Que veux-tu ? Bel enfant, que te faut-il donner
Pour rattacher gaîment et gaîment ramener
En boucles sur ta blanche épaule
Ces cheveux qui du fer n'ont pas subi l'affront,
Et qui pleurent épars autour de ton beau front,
Comme les feuilles sur le saule ?
Que veux-tu ? fleur, beau fruit, ou l'oiseau merveilleux ?
– Ami, dit l'enfant grec, dit l'enfant aux yeux bleus,
Je veux de la poudre et des balles.

Nous reste-t-il seulement du poème de Victor Hugo le souvenir d'un peuple martyr se libérant du joug de l'empire Ottoman ? Nourri au régime dit « crétois », à base de légumes crus et de poisson frais, de yaourts et d'agrumes, de graines et d'huile d'olive, pauvre en protéines et en sucres, cet enfant n'avait alors à craindre que la famine ou le sabre des janissaires, mais en aucun cas les opulentes dérives alimentaires d'une civilisation qui court à sa perte, non de ne pas assez manger, c'est réservé à d'autres, mais de trop mal manger. Aujourd'hui, l'enfant grec est obèse. Le cher petit avait demandé de la poudre et des balles pour vivre libre. Deux siècles plus tard, la société de mauvaise consommation lui a fourni les munitions de sa surcharge pondérale.

Pourquoi cette allusion inattendue à l'enfant grec quand il s'agit d'appeler les citoyennes et les citoyens de France à un sursaut alimentaire? En quelque sorte de reprendre la Bastille, mais à table. De crier « La patrie est en danger », mais à table. D'appeler à la résistance au néolibéralisme dépravé, mais à table. D'appeler à la sauvegarde de tout ce qui nous rend fier et heureux d'être Français, mais à table. D'appeler à la sauvegarde, d'où que l'on vienne ou provienne, de tout ce qui fait que l'on aime la France pour ses valeurs et ses symboles, ses paysages et ses villages, ses idées et sa culture, son art de vivre et de penser, mais à table. D'appeler à la sauvegarde de l'âme française, ce mélange d'insubordination généreuse et de fraternité naturelle, de malice narquoise et de naïveté assumée, de compassion sincère et de ferveur spontanée. Le tout si souvent partagé autour de la table, cet apprentissage de l'altérité.

Pourquoi la table, socle physique destiné à faciliter l'ingestion de matières nourrissantes autour duquel se rassemble l'homo sapiens affamé, deviendrait soudain un forum social et culturel d'où émanerait une aspiration à mieux vivre sur cette planète ? Parce que, conformément à la théorie des climats de Montesquieu, la géographie et l'environnement façonnent le comportement et les mœurs des habitants d'un territoire donné et qu'en France, du fait d'une configuration géo-climatique spécifique, liée à sa longitude et à sa latitude, à ses reliefs et à ses côtes, à ses sols et à ses cieux, à ses formes minérales et à ses volumes végétaux, le pays bénéficie d'une biodiversité naturelle ayant engendré une multiplication des capacités agricoles, elle-même à l'origine d'un patrimoine alimentaire d'une prodigieuse richesse. Patrimoine ayant à son tour favorisé l'apparition et la formation de cultures sensorielles génératrices de traditions culinaires multiples, toutes inscrites dans cette diversité géographique.

L'essence extraite de cette configuration peut s'appeler la gastronomie française. Et puisque cette gastronomie reflète la physiologie territoriale de ce morceau de planète, où toutes les formules géographiques de la Terre sont plus ou moins représentées à petite échelle (les grands voyageurs ont souvent constaté que la France était une mosaïque de paysages aperçus tout autour du monde), on y trouvera aussi les racines de l'universalité française. Et qu'être Français c'est un peu se sentir du monde entier et que venir du monde entier c'est un peu se sentir Français. Et où ce phénomène s'observe-t-il, s'accomplit-il, s'épanouit-il le mieux, si ce n'est à table? C'est-à-dire devant une denrée ou un mets qui n'est que l'émanation sensorialisée d'une réalité culturelle. D'où que tu viennes, qui que tu sois, frère humain, tu es ici chez toi, car ce patrimoine est celui de l'humanité, et cette terre est la tienne dès lors que tu la foules, que tu la travailles ou que tu la défends avec ton cœur, mais de grâce, ne touche pas à mon pot-au-feu, ni à mon camembert au lait cru, ni à mon beaujolais-villages, valeurs constitutives de mon identité internationale et de mon humanisme universel. Car, nous allons le voir et le partager ensemble, ils sont aussi le gage de mon salut, de notre salut.

Donc, pourquoi l'enfant grec ? C'est que, tombant comme un cheveu gras sur le potage européen, une étude sanitaire de l'OCDE, lancée en 2014, vient de révéler que la Grèce arrive en tête des trente-trois pays membres en matière d'obésité infantile. Le rapport est sans appel : quatre enfants sur dix (très précisément 44 % des 4 à 16 ans), sont en surpoids ou obèses. Non content de lui avoir apporté la peste bancaire et le choléra financier, avec la complicité du bon docteur Draghi, patron de la Banque Centrale Européenne, qui, en tant qu'expert mandaté par Goldmann Sachs, certifia l'aptitude de l'économie hellénique à intégrer la zone euro avec les conséquences que l'on sait, le rêve européen a aussi introduit, crise à l'appui, la malbouffe industrielle et ses fléaux inhérents, au sein d'une société qui avait, certes bien des défauts, mais pas ceux-là. Soyons bien conscients que ce qui touche à la Grèce nous touche aussi car nous sommes dans la continuité, sans doute aggravée, du phénomène.

L'une des nouveautés de notre époque est qu'il faut peu manger pour bien vivre. Et que l'on meurt, désormais, de manger à sa faim, pour ne pas dire à sa fin, dès lors que l'on abuse d'une nourriture trop riche en énergies inutiles ou que l'on ingurgite, à doses sournoises mais régulières, des substances nocives pouvant constituer, à la longue, y compris dans leurs doses minimales, un cocktail mortel. L'excès est devenu le point d'équilibre économique du consumérisme globalisé. Parallèlement, chez certaines populations défavorisées, la bouffe qui rassure est celle qui incite à se gaver de faux gras et de sucres imposteurs déversés par millions de tonnes, à bas prix, sur les rayons de la grande distribution. C'est facile, c'est pas cher et ça peut rendre gros. Étrange paradoxe, alors que jadis l'extrême maigreur traduisait la misère, c'est désormais l'embonpoint qui consacre la fracture sociale. C'est un fait, les progrès agroalimentaires et la technologie industrielle, issus d'une recherche scientifique au service du marché, loin de conduire l'humanité vers le bien être nutritionnel et la planète vers l'équilibre écologique, les poussent toutes les deux vers l'enfer. Car à surproduire pour surconsommer, qui plus est au moins-disant tarifaire, ainsi que le dictent les canons inaliénables de notre très sainte mère la croissance obligatoire, soit l'espèce humaine périra confite de glucides et bouffie de lipides mortels, soit la maison Terre implosera sous le surpoids de son bilan carbone, voire les deux à la fois.

Au-delà des prises de conscience et des consignes officielles, suscitées ou lancées par des instances autorisées qui attendent que la bombe explose pour appeler le démineur, les voyants rouges clignotent comme une guirlande de Noël signalant à la communauté internationale que le seuil de non-retour se rapproche d'heure en heure. Il est proprement hallucinant que les initiateurs et les organisateurs de la Cop 21 n'aient pas intégré la question alimentaire à l'inventaire des thèmes liés aux grands dérèglements climatiques. Celle-ci porte, en effet, une grosse part de responsabilité dans l'aggravation de certains phénomènes, surtout au niveau des *fieldlots*, ces mégas élevages bovins américains du Middle West dont les effets polluants sont au moins aussi terrifiants que certains complexes pétrochimiques.

Démographie, pollution, malbouffe, financiarisation : l'apocalypse de Jean version XXIe siècle a dépassé le stade du poney club car ses quatre cavaliers sont en train de jeter les prémices du cataclysme final. Depuis le temps que les oiseaux de mauvais augure le prédisaient dans leur dialectique anxiogène, alors que tout cela relève du détail selon les experts officiels, pour la première fois dans l'histoire de l'humanité moderne la courbe d'espérance de vie s'est inversée. Publiée le 21 janvier 2016 par CDC (Centers for Disease Control and Prevention), l'étude américaine a fait l'actu dans une indifférence relative. Il s'agit pourtant d'un signe majeur de régression civilisationnelle. D'autant plus inattendu que, croix de feu, croix de fer, si le progrès ment je vais en enfer, les irréversibles performances de la science et de la médecine étaient censées nous en préserver. Les voici dépassées par la virulence du mauvais progrès. C'est désormais un fait, si nous ne faisons rien, nos enfants vivront moins vieux que nous. Et nous accuserons à juste titre de n'avoir rien fait.

À l'insouciante opulence des Trente glorieuses, qui n'était, somme toute, qu'une euphorie économique financée, via les milliards de dollars du plan Marshall, par la reconstruction du monde d'après-guerre (avec effets secondaires prolongés jusqu'au premier choc pétrolier de 1973), a succédé la dure réalité d'une vitesse de croisière dont la croissance technologique ultra-modernisée, où l'on remplace l'homme par la machine et le logiciel, ne peut répondre aux besoins vitaux d'une démographie exponentielle. Quand on a plus de bouches à nourrir que d'emplois disponibles avec des ressources, à terme, forcément limitées (sauf à en créer d'artificielles, donc polluantes), on va gentiment vers le chaos. Les loupiotes témoins commencent d'ailleurs à clignoter... Pour nourrir ces masses en voie de désœuvrement, il faut donc trouver une nourriture de masse désœuvrée. À l'appel de cette nouvelle corbeille alimentaire, des puissances industrielles spécialisées dans la production de calories bourratives bas de gamme ont répondu : « J'ai ! » Amis lecteurs, je vous le glisse en douce, l'OPA sur la fin du monde est lancée !

Le syndrome crétois

Ainsi donc, la Crète, pour ne citer que ce cas précis mais si emblématique, qui a donné son nom à un régime laissant l'espoir de flirter avec l'éternité, dont le symbole autorise tous les nutritionnistes à prescrire le retour aux saveurs simples du code anti oxydatif méditerranéen, à savoir le naturel, est à son tour contaminée par la maladie des sociétés qui méprisent le temps et oublient leur histoire. L'île avait eu pour roi un certain Minos, fils de Zeus et d'une princesse phénicienne nommée... Europe. Eh bien, figurez-vous que, ignorant l'injonction du Grand prêtre Séguéla, le berceau de la civilisation n'avait pas sa Rolex à 5 000 ans. Horreur !

Comme il ne pouvait se la payer, de gentils banquiers lui avaient prêté l'argent dont on savait qu'il ne pourrait pas le rembourser, en attendant le moment où il faudrait lui couper la main pour récupérer la montre. Dont acte. L'Eurogroupe a puni le voleur de n'avoir pas su refuser le bonbon empoisonné qu'on lui avait tendu. Résultat, l'enfant grec, à la fois notre ancêtre, notre témoin et notre avenir, a sombré dans l'obésité. Quand le sanctuaire est souillé, c'est la fin des haricots mais aussi des oliviers.

Malgré leur fiscalité inique, leur cadastre aléatoire, leur État bancal et leur Église oligarchique, les Grecs s'en sortaient plutôt bien que mal en mangeant les produits de leur agriculture et de leur pêche. Et si la gourmandise les faisait un peu forcer, les jours fastes, sur la feta et la moussaka, c'était sans commune mesure avec le fait que les mœurs et pratiques instillées par des marques aux sigles mondialisés ont profité de la libéralisation consumériste de ce pays pour organiser leurs orgies marchandes au pied de l'Acropole. Alors qu'elle y avait jusqu'ici échappé, du moins dans sa sociologie alimentaire, la Grèce a été atteinte à son tour par le virus qui, soucieux de la clouer au tableau des nations où le diabète et l'obésité sont des signes intérieurs de bonne santé industrielle, diffuse dans sa jeunesse le venin lucratif du gras mou et sucré.

Ainsi donc, plus besoin de divisions blindées ou monétaires, ni de fonds de pensions ou de capitaux enturbannés, pour soumettre un pays aux affres du marché roi. Il suffit d'actionner le mécanisme de la publicité télévisée reliée à une grande surface pour laver les cerveaux à coup de spots, puis les amener en masses dociles à la mangeoire globalisée du rata mercantile. Que le temple soit à l'enseigne de McDo ou de KFC, et que le dieu Cola y fasse verser son philtre enrobant par le gourou Coca ou la vestale Pepsi, la World Junk Food ouvre à la jeunesse les portes d'une addiction devenue référence générationnelle. Si le punk se gomine à la morve, le junk arbore sa masse graisseuse comme un certificat de conformité sociétale. Le 20 février 2016, le plus grand McDo du monde ouvre en haut des Champs Élysées et fait aussitôt fureur. Signe des temps, un autre est projeté près de la Bourse. Le concept plaît au pays de la gastronomie, où l'édulcoration des appétits, mais aussi des esprits et des consciences, répond à un vide sidéral généré par l'abandon de valeurs fondamentales crucifiées en 1968. La bombe pour retardés a fini par péter.

On croyait trouver la plage sous les pavés en interdisant d'interdire, mais les bébés de ce beau mois de mai, né du mariage d'Alain Minc et de Jacques Attali, ont hérité d'un marché mondialisé où tout est permis, notamment aux voyous de la finance, pour éclater la gueule des réacs persuadés qu'il n'y a pas de droits sans devoirs. La femme au foyer faisant la cuisine était le symbole moisi d'un archaïsme pétaino-maurassien. Émancipatrice du fascisme ménager, la barquette de lasagnes au cheval roumain chauffée au micro-ondes est donc devenue le symbole de sa libération. Curieusement, depuis qu'elle apprend (si elle cherche à le savoir) que son gosse pourrit de l'intérieur avec le E110, le E123, le E161g, le E171, le E173, E180, le E209, le E249, le E252, le E320, le E407, le E430 (interdit en France, mais...), le E422, le E436, le E556, E953, le E965 – nous en passons des dizaines et des bien meilleurs, comme le E385, ce bon vieil éthylène diamine tétra-acétate calcio disodique, antioxydant présent dans nombre d'aliments comme les pâtes à tartiner ou les mayonnaises de *fast-food* –, elle se remet au fourneau, souvent avec son mari. Mais la majorité continue, elle, à pousser le précorbillard, dit caddy, dans les rayons de l'hypermarché mais aussi la porte de la mangeoire américaine pour morphales du mou doux.

Bien entamée, la McDonaldisation de la société française avance à grands pas et à tous les échelons. Après tout, l'Élysée aussi est devenu un McDo politique, avec le « big tasty » social pour tous, ou le « double cheese » libéral pour toutes, promis à chaque campagne électorale. C'est donc faire acte de patriotisme que d'éviter au pays cette dérive vers l'enfer alimentaire qui ravage notre agriculture et notre santé.

La tragédie grecque synthétise ainsi les mécanismes de la malbouffe qui nous barbarise d'un côté, nous aliène de l'autre, pour le seul profit du capitalisme bancaire globalisé. Le nouvel Eldorado du libéralisme financier se situe désormais dans l'estomac des masses conditionnées par le besoin consumériste suscité. Profitant des plages de séries américaines émollientes de bulbes, sur lesquels se vautrent les masses dévertébrées par une école déficiente, dont les programmes validés par le ministère de l'Éducation nationale préparent la clientèle de demain à être à l'aise dans ses linéaires, la consigne d'achat, nouvelle raison d'être de l'*homo consumerus*, colonise peu à peu le cortex de la cible payeuse. Et si le plus beau rêve a pu être pour certains de se retrouver l'an prochain à Jérusalem, pour une grande part de la jeunesse française la chimère sublime se prononce désormais : « Samedi prochain au Leclerc ».

La doctrine Patrick Le Lay a fini par triompher : le temps de cerveau humain disponible est devenu la corbeille où, on l'a dit plus avant, se négocient les nouvelles valeurs boursières. Vu le comportement alimentaire des Français, dont 88 % continuent à se nourrir exclusivement en grande surface, et la spectaculaire progression du chiffre d'affaires de la malbouffe dans notre pays, chaque jour mieux mise en scène, chaque jour plus propre sur elle, malgré le sursaut de certains secteurs sociaux, considérons que l'objectif a été atteint. Pour l'heure, l'impératif économique est la stimulation croissante d'une demande galopante, afin que l'offre fasse tourner la planche à marges nettes. Un processus qui consiste à pomper les ressources d'une planète devenue la poule aux œufs d'or de la satiété universelle grandement distribuée pour la seule gloire du dieu marché. Objectif, transformer le monde en camp de consommation. « Verbrauch macht frei. »

Big sugar brother

À force de vouloir produire 100 unités de richesse à partir de 10 hectares là où il fallait autrefois 100 hectares pour produire 10 unités, que ce soit en termes de matière, de temps ou d'espace, la logique néolibérale du profit pour lui-même abîme l'homme et la Terre. D'autant plus terrifiant que, comme le démontre Frédéric Denhez dans *Cessons de ruiner notre sol*, chaque seconde en France, 26 m^2 de terre arable ou fertile sont recouverts de béton ou d'asphalte. Des pans entiers du territoire nourricier sont ainsi détournés de leur destin pour satisfaire l'expansionnisme commercial, industriel, pavillonnaire et distributaire, d'une logique économique qui mène cette planète à sa perte. Idem avec l'élevage, soumis à une recherche permanente de rendements sans cesse plus performants. Des poulets prêts à consommer en huit semaines au lieu de cinq mois dans les années 1950, des vaches qui produisent 8 000 litres de lait par an au lieu de 2 000, des poules qui pondent 250 œufs par an avec François Hollande contre 130 sous Vincent Auriol... En un demi-siècle, les animaux de la ferme ont battu tous les records de productivité. Et que dire de la culture du colza, censée donner une huile de qualité. En 2004, on en produisait 700 000 tonnes par an. En 2014, deux millions de tonnes. Un boom qui n'a rien à voir avec l'agriculture puisque le but est de produire des biocarburants pompeurs d'eau et d'énergie. Les fermes sont à des usines où travaillent des « ouvriers agricoles ». Le paysan est devenu un « exploitant agricole » qui sous-traite sa gestion à une société de comptabilité et s'habille en cosmonaute pour conduire une machine qui ressemble à un engin spatial téléguidé par satellite. Ses terres sont gérées par un logiciel à partir d'un programme de cultures géolocalisées sur la base d'un catalogue de semences officielles validé par Bruxelles selon les orientations du lobby céréalier. Un vrai chef d'entreprise doté de la technologie dernier cri. La ruralité conquérante ! Adieu, le péquenaud en sabots et béret avec son vieux tracteur Massey Ferguson. À ce petit détail près que, saturées d'emprunts irremboursables, vu le prix qu'on leur paye leur production, la plupart de ces exploitations sont sur la paille. Interdiction leur est faite, cela va de soi, comme aux anciens citoyens soviétiques, de supposer qu'ils vivaient peut-être mieux avant, car leur grand syndicat leur explique que le paysan de la ferme familiale était un sous-homme méprisé par la société.

Maintenant, surtout ceux dont le corps pend au bout d'une corde, savent qu'ils sont enfin entrés dans leur époque. Comme les cancéreux rétamés par une chimio surdosée, ils ont la satisfaction d'être morts guéris. Entre 2003 et 2013, ce sont quatre millions d'exploitations qui ont disparu de la surface de l'Union européenne.

La molécule remplace le bras

Dans *Mangez, on s'occupe du reste*, l'ingénieur agronome Pierre Weill raconte comment, secrètement mais sûrement, la chimie a pris le pouvoir sur la nutrition : « De temps à autre, un scandale éclate comme une bulle sur le cratère d'un volcan, puis tout retombe. » Ayant découvert durant leurs travaux l'extrême nocivité de certaines molécules introduites dans les aliments, trois prix Nobel de médecine, les professeurs Vane, Bergström et Samuelsson, demandèrent à rencontrer les patrons des grandes multinationales de l'agroalimentaire afin de leur expliquer que le « libre arbitre biologique » n'existe plus quand on dépend pour se nourrir de l'industriel qui fabrique la malbouffe et du distributeur qui en remplit ses rayons. Et que, de fait, les sociétés occidentales couraient au-devant d'une tragédie sanitaire dans les quarante années à venir si de tels procédés se généralisaient. Pierre Weill ajoute :

> Les patrons écoutèrent poliment, puis rétorquèrent que c'était sûrement vrai, mais que ce n'était pas leur domaine de responsabilité que d'intégrer ces informations pour changer leur process de fabrication. La responsabilité sociale des entreprises et le développement durable n'étaient pas encore des concepts à la mode. Leur travail consistait à fabriquer des produits bon marché, pratiques, à partir de quelques plantes clés, faciles à cultiver, faciles à transformer, comme le maïs, le soja et la palme, avec ensuite des chaînes alimentaires dédiées à cette demande de produits qui approvisionnaient les grandes surfaces. Le reste ne les concernait pas, et, d'ailleurs, l'information du consommateur n'était pas de leur ressort. Surtout pas !

C'était en 1982, il y a 34 ans. Donc tout le monde savait : le corps scientifique ayant mis au point les processus chimiques, les industriels qui les exploitent et les pouvoirs publics garants de la santé publique. Mais la pression de la grande distribution était telle pour marger vite et bien que l'on posât un couvercle sur le dossier en fermant les yeux. Aujourd'hui, tel que l'avaient prévu nos trois prix Nobel, le couvercle ne suffit plus, et ça commence à renâcler. Pour satisfaire le marché, on empoisonne les masses sous l'œil bienveillant du lobby pharmaceutique.

Barbarie alimentaire

La nouvelle barbarie n'est pas seulement celle qui lance des avions sur des tours américaines, plastique des trains de banlieue espagnols, décapite des êtres humains sur vidéo ou massacre le peuple Français dans les rues de Paris, mais aussi celle, bien de chez nous, qui emplit nos panses d'aliments financiarisés. Pour le coup, ce ne sont ni des sourates, ni des doctrines surinterprétées qui décrètent ce massacre-là, mais bien des slogans très pensés de la société moderne la plus avancée. Car, à raison de 63 000 cas annuels de cancers d'origine alimentaire, dont 2 500 touchant les enfants en bas âge, pour une facture de 9 milliards d'euros dans les dépenses de santé publique, il s'agit bien d'un massacre. Quand l'abomination provient d'ailleurs, on proteste en se rassurant, mais quand elle surgit de la paroisse, on tremble. Mohammed Merah et les frères Kouachi étaient des compatriotes éduqués sur les bancs de notre école, à l'ère du black-blanc-beur. Le logiciel républicain aurait donc merdé ? Tout comme eux, nos empoisonneurs publics et leurs distributeurs sont aussi de bons Français, souvent reçus en grande pompe sous les ors de la République quand ils ne dirigent pas, pour certains, nos institutions.

Ne nous leurrons pas, dans cette civilisation occidentale si avancée que la courbe d'espérance de vie a fini par s'inverser, le cancer et la faillite, c'est-à-dire l'accident de santé et l'accident économique structurels, ont pour cause commune l'abus de mauvais progrès, celui qui ne repose plus sur l'amélioration de la société mais, de façon obsessionnelle, sur le rendement ultra-consommé. Un phénomène qui dépasse les simples réflexes sociétaux de la boulimie consumériste, effrayants mais solubles, en ce sens qu'il pourrait un jour modifier, selon les dernières recherches du professeur Jean-Didier Vincent, spécialiste du cerveau observant depuis quelque temps des modifications neuronales dans certains contextes sociologiques, l'évolution même de l'espèce humaine. Pour schématiser à l'extrême, tout du moins espérons-le, car ce qui se présage-là n'a rien de réjouissant : au-delà d'une certaine dose de malbouffe, un cortex saturé de pâte chocolatée à l'huile de palme et imbibé de boissons édulcorées, pour ne citer que des exemples dont la teneur n'échappe à personne, pourrait voir son système cognitif se dégrader mais aussi entamer un début de régression. Les mœurs alimentaires des chérubins de l'État islamique et des ninjas d'Al Qaeda, parmi d'autres rebuts sociétaux engendrés par notre merveilleuse époque, sont parfois éloquentes : *fast-*

food et soda à profusion. Par sa nature inflammatoire, surtout s'il y a excès de glucides, de lipides et de protides combinés, la malbouffe n'apaise pas l'organisme, elle le met sous tension. Un petit verre de kérosène pour Airbus dans le carburateur d'un scooter, ça ne fait jamais qu'exciter la bielle quitte à la couler... Nous y reviendrons plus loin.

Les faits : le sucre est la saveur de l'enfance, celle de l'insouciance et de l'innocence. Elle rassure ou apaise, mais n'élève pas, au contraire de l'acide et de l'amer. Les travaux de Jacques Puisais et de Patrick Mac-Leod, spécialistes des phénomènes comportementaux liés à l'alimentation, en attestent. L'édulcoration du monde conduit à l'infantilisation des masses, ainsi soumises à la plus primaire des addictions, celle du sucre. Ceux qui contrôlent la production et le commerce des glucides disposent, comme déjà ceux de l'eau, de l'un des plus redoutables leviers économiques, donc sociologiques, de l'histoire. La preuve, le grand marchand de soda sucré s'est installé et s'installe où il veut, quand il veut, sur cette planète, indépendamment des régimes politiques et des systèmes économiques. Il était déjà en Chine avant que les masses maoïstes ne s'ouvrent à l'Occident libéral. Il est présent dans des pays où sa nation d'origine est désignée comme le Grand Satan. Qu'importe, le monde lui appartient. Il n'est pas un coin de la Terre où ne figure son logo et, ça s'est vu, il a le pouvoir de faire tomber des gouvernants qui résistent à l'instauration de son monopole. Généralement suivi de près par le grand marchand de hamburgers doucereux, ils ont créé à eux deux le plus puissant réseau de *business* international lessiveur de cerveaux jamais déployé. Cela ressemble peut-être à un scénario de science-fiction, façon Docteur Folamour, mais lorsque l'Empire du sucre aura étendu sa loi maximale sur la Terre entière au nom du libre-échange globalisé croissant, via ses puissants lobbies, dont certains occupent quelques pâtés de maison autour du Parlement européen, il est à craindre que la barbarie se sera généralisée dans les mêmes proportions. Peut-on guérir de ce mal ? Existe-t-il un contrepoison ? Nous le pensons. Mais c'est l'affaire d'une détermination populaire et politique dont il faut se donner les moyens. Une noble cause qui devrait sensibiliser la citoyenneté inquiète de ce qu'elle voit et de ce qu'elle subit.

Cercle vicié

Puisque l'actualité donne raison à ceux qui prévoyaient une rupture imminente de la corde, entre l'exaspération sans commune mesure des agriculteurs ruinés et l'indignation latente, parfois manifeste, des consommateurs, choqués de ce qu'on leur donne à manger, quelle issue pour l'humanité, pour l'Europe ? Pour la France et pour les Français ? Combattre, ou réduire, la malbouffe, priorité des priorités, car les méfaits qu'elle induit sont au moins aussi graves que les ravages qu'elle provoque, suppose de bien la cibler. Elle se présente sous deux aspects, le sanitaire et l'environnemental. La malbouffe ne fait pas qu'abîmer la santé, ses méthodes de production abîment aussi la planète. Une ferme de mille vaches appelle une usine de dix mille vaches, idem pour le porc et la volaille, tout cela est aujourd'hui réalité en Allemagne et aux Pays Bas, mais aussi sur le sol français. Or nous savons que ces systèmes ne sont viables que dans le dépassement d'eux-mêmes, car la compression des prix implique mécaniquement l'augmentation des quantités si l'on veut maintenir sa marge – qui elle-même pousse les prix à la baisse. L'Amérique démarre et l'Europe suit. La grenouille aime tellement prendre modèle sur le *beef*. On sait que ça finit souvent par un pschitt retentissant, avec lambeaux de chair sur la paroi. Pour preuve, la crise porcine en Bretagne. Que disent nos institutions et nos syndicats agricoles aux agriculteurs Bretons depuis quarante ans : « Faites à l'américaine ». Engagez-vous dans la production intensive de porc, sans vous encombrer de scrupules sanitaires ou environnementaux, nous réglerons cela avec les normes publiques et les associations écologistes. Produisez toujours au tarif le plus bas, avec des matériaux et des aliments au rabais, pour rester à un niveau de prix imbattable. La merde c'est toujours compétitif.

Sur ce terrain-là, personne ne pourra vous faire de concurrence car, si le cas se présentait, il ne pourrait provenir que de pays extérieurs à l'Union européenne. Et là, comme il se doit, paf! des barrières s'érigeraient pour vous protéger. Tiens donc. Sauf que l'agression n'est pas venue d'Ukraine ou du Brésil, mais de la République Fédérale Allemande, notre alliée, notre partenaire, dirigée par notre amie la *panzer* chancelière Merkel qui nous a toujours soutenus, on s'en souvient, pour sauver nos grands fleurons industriels, ceux qui faisaient de la France la cinquième puissance économique mondiale... Eh bien notre chère, très chère, voisine, non contente de voir chavirer peu à peu notre agriculture vers la récession, a lancé un programme agricole industriel prévoyant la création de fermes porcines dotées de 10 000 têtes avec un roulement annuel de 250 000 bêtes. C'est bien simple, plus de soixante millions de porcs sont découpés chaque année en Allemagne par de la main-d'œuvre bulgare, roumaine ou polonaise soumise à cette législation sur les travailleurs détachés qui permet de rétribuer ces demiesclaves entre 6 et 7 € de l'heure avec de nombreux cas à 4,50 €. Résultat, l'Allemagne peut vendre son porc au-dessous de 1,30 € du kilo alors que les éleveurs bretons supplient les industriels de la viande de leur payer 1,40 € du kilo, ce à quoi ces derniers (Cooperl et Bigard-Socopa), se refusent catégoriquement. Et pour cause puisque la grande distribution leur signale qu'elle ne paiera pas le morceau de cochon au-delà de 1,35 du kilo. Quand l'éleveur breton va voir le patron de l'abattoir et de la grande surface qui lui avaient chaudement recommandé de faire de la merde s'il voulait garder leur clientèle, en leur demandant des comptes sur sa détresse, ceux-ci lui répondent, désolés mon brave, mais nous avons trouvé de la merde encore moins chère que la tienne. Condoléances, eh plouc ! On voit ainsi des familles dont les membres sont salariés dans la filière porcine, ou déjà chômeurs, acheter du cochon allemand dans les grandes surfaces des Côtes d'Armor et du Finistère pour payer le moins cher possible. Ou comment faire tresser sa propre corde au pendu.

Et le pire est à venir. Déréguler, aligner, globaliser, aliéner, comptons sur le Traité commercial transatlantique pour prolonger le mécanisme du Minnesota jusqu'en Picardie. Le génie de la malbouffe, c'est de toujours renaître de ses propres sévices puisqu'elle se nourrit de ce qu'elle détruit. Un cercle bien vicié, pour la plus grande joie du lobby agroalimentaire, qui s'enrichit en fabriquant de la maladie, du lobby distributeur, qui s'enrichit en la commercialisant, du lobby pharmaceutique on l'a dit, qui s'enrichit en la soignant, et du lobby bancaire, qui gère les milliards de profits générés par l'effroyable équation. Ainsi titrait *Le Monde* dans son édition du 26 juillet 2015 : « Cholestérol : la nouvelle bataille entre géants de la pharmacie ». En expliquant, sous la plume de Chloé Hecketsweiller, pourquoi « l'Agence américaine du médicament a donné son feu vert à Sanofi pour la mise sur le marché du Praluent aux États-Unis ». Plus on empoisonne plus on palpe. « Surtout ne change rien, dit le pharmacien au *fast-food*, tu m'envoies des clients ». Un système verrouillé dont l'efficacité probante conditionne les masses sans que personne ne soit parvenu à l'inverser. Première victime, la jeunesse. Selon une enquête Ipsos publiée en octobre 2012, 61 % des 15/25 ans, soit 10 millions d'individus (dont près de 20 % présentent les symptômes de l'obésité), mangent devant un écran de télé ou d'ordinateur sans se soucier de ce qu'ils ingurgitent. Grignotages, repas sautés, budget réduit, tout contribue à l'essor de ce fléau facturé à la sécurité sociale. Avaler sans goûter n'est que ruine de l'humanité.

Le régime financier

La malbouffe contemporaine est le résultat des grandes mutations de la deuxième moitié du XXe siècle dont la règle de trois est productivité, rapidité, rentabilité. De sorte que l'on puisse partout produire vite et pas cher pour manger beaucoup. Qui oserait remettre en cause l'admirable axiome ? Jusqu'au jour où le libéralisme dévoyé réalise que ça rapporte encore plus gras que gros. Il ne faut donc plus créer de la richesse pour nourrir l'humanité (manger pour vivre) mais gaver l'humanité pour créer du profit (vivre pour manger). Sublimée par Molière dans *L'Avare*, même si Diogène Laërce l'attribue à Socrate, la maxime, trois siècles après les déboires d'Harpagon, retrouve une fraîcheur d'une perversité inouïe. Productivité, rapidité, rentabilité! Ces trois paramètres se coordonnèrent pour transformer les campagnes en usines et, via différents degrés de transformation se sucrant eux-mêmes au passage sur le dos du fournisseur, enrichir les nouveaux oligarques du monde moderne: les grands distributeurs. Des banquiers de la console, jamais rassasiés, qui étranglent à présent leurs anciens alliés de l'industrie agroalimentaire pour récupérer leurs marges. Le coup de gueule, aussi audacieux qu'inattendu, de Richard Girardot, PDG de Nestlé France, dans le Figaro du 30 mars 2015, fustigeant les pratiques déloyales, c'est-à-dire antilibérales, du groupe Leclerc, dans sa façon d'imposer des prix d'achats incompatibles avec le prix de revient, révélait l'ampleur du malaise. Girardot a vu juste, ces pratiques ne sont en rien du libre-échange, sinon la reconstitution du capitalisme monopolistique d'État, autrement dit du communisme, sur une base privatisée. On n'entre pas dans le lard de son principal client, avec les risques que cela implique, sans avoir préalablement atteint une limite où la contre-attaque est une question de survie. Le 3 juillet 2015 la cour d'Appel de Paris condamnait Leclerc à payer 61,3 millions d'euros à 48 de ses fournisseurs (dont 5,4 à Nestlé) et à deux millions d'amende pour pratiques commerciales illégales. Le 9 octobre suivant, interrogé de nos confrères du Figaro, Georges Plassat, PDG de Carrefour, lâchait lui aussi sa bombe en déclarant : « La guerre des prix n'a jamais créé aucun pouvoir d'achat. Les prix baissent, les salaires stagnent et les impôts montent. Au final, il y a moins de revenus disponibles, plus de mécontentement et de frustration. Au contraire, le juste prix est celui qui rémunère le talent, le travail et l'investissement. Il prend en compte l'intangible qui passe par le goût des aliments, leur origine, les procédés de fabrication, l'innovation et les qualités intrinsèques de ce produit. Chaque fois que l'on fait l'impasse sur l'un de ces maillons, on provoque des dommages collatéraux ». Le Mont-Blanc dans la mare de Michel-Edouard Leclerc ! Que les deux géants du système, Nestlé et Carrefour, aient le courage de tenir de tels propos, montre à quel point la situation est critique. Nos paysans qui crèvent ne disent pas autre chose. Nos artisans qui disparaissent ne disent pas autre chose. Nos commerces de proximité qui mettent la clé sous la porte ne disent pas autre chose. Cumul de lucidité et de bon sens dont il ne reste plus qu'à transformer l'essai. Et si, au vu des négociations entre fournisseurs et distributeurs sur les tarifs pour l'année 2016, qui ont viré à la boucherie, les choses ne sont pas allées plus loin, une telle évolution dialectique annonce des changements majeurs dans le comportement d'une grande distribution qui n'a pas besoin de se faire détester davantage. L'important est que le débat ait lieu, y compris dans la controverse, et que l'opinion ait bien conscience que les lignes bougent. L'urgence des urgences aujourd'hui est d'éradiquer le plus grand fléau national que la France ait connu depuis 40 ans : la grande distribution.

Les Français s'en doutent, les Français le supposent, les Français le savent mais, hormis un noyau certes croissant d'initiés refusant la fatalité, ne changent pas leurs habitudes. Conditionnés à la facilité et au réflexe minimal qui consiste à acheter les quatorze repas de la semaine en une seule fois au même endroit, certains y sont même insensibles. Quoi que l'on en pense ou en dise, acheter la nourriture la moins chère, sans jamais se poser la question de savoir à partir de quel sacrifice moral, ou de quelle négligence qualitative, ce prix a pu être abaissé, révèle le degré d'irresponsabilité à laquelle est réduit le consommateur. Imaginons qu'une voiture soit vendue 30 ou 40 % au-dessous de sa valeur marchande et que le constructeur avoue que ce prix est lié à l'usage de matériaux bon marché pour le freinage et la direction, autant dire que la marque déposerait vite son bilan. On décortique une chaussure, un portable, une bicyclette ou un sèche-cheveux, pour s'assurer de sa qualité, mais on se fout de savoir de quoi sont faites les saucisses sous plastique, la ratatouille en boîte et la pizza surgelée. Les freins de la Mégane c'est du sérieux, mais la composition d'un pot de Nutella n'a aucune importance, la nourriture c'est de la routine. Le problème est que la malbouffe ne vous envoie pas dans le décor au premier coup de frein ou dépassement brusque, elle rend malade, empoisonne ou tue à petit feu. Ce n'est ni une rafale de kalachnikov, ni une voiture piégée, avec du sang sur le trottoir. C'est beaucoup plus sournois. Le temps que les vaisseaux se chargent de cholestérol, que les toxines s'incrustent dans les organes digestifs, que les particules nocives contaminent le système sanguin, que nos cellules subissent l'oxydation des radicaux libres générés par la malbouffe, les enseignes de la grande distribution engrangent des milliards d'euros de bénéfice. Et quand la pathologie survient, est-il bien certain qu'elle soit d'origine alimentaire ? Les facteurs d'altération de la santé étant si nombreux dans le monde moderne, pourquoi les saloperies au rabais ingurgitées quotidiennement depuis cinq, dix, quinze ou vingt ans, seraient à elles seules responsables des maladies graves qui sévissent dans le monde développé ? Circulez, y a rien à croire. Les 165 000 nouveaux cas de cancer annuels en France sont certainement à chercher du côté de l'excès de bergamote dans le thé Earl Grey...

Que l'on fasse l'inventaire précis des dégâts économiques et sociaux cumulés depuis quarante ans, puis qu'on le porte à la connaissance du public et certaines habitudes seront remises en cause. Le 2 février 2016 à 20 h 55, Stéphane Le Foll était l'invité d'Élise Lucet dans l'émission « Cash Investigation », sur *France 2*, consacrée aux 65 000 tonnes de pesticides déversés chaque année sur le territoire français. Sur la base de données obtenue auprès des ministères de l'Écologie et de l'Agriculture, jusque-là non communiquées, une carte de France des pesticides avait pu être dressée, département par département, avec un coloriage indiquant la dangerosité de chacun d'eux. En tête des zones les plus exposées, l'Aube, la Marne, la Gironde et la Loire- Atlantique, correspondant à de fortes activités céréalières, viticoles et maraîchères. Face à la caméra, Stéphane Le Foll annonçait la décision française de réduire de 50 % l'usage des pesticides d'ici 2025, avec pénalités financières pour les contrevenants. Un progrès certain, à vérifier dans les faits. En revanche, l'émission révélait la présence d'un pesticide hautement toxique dans l'eau courante de certains départements céréaliers : l'atrazine, produite par la multinationale suisse Syngenta. Interdite en France depuis 2001, l'atrazine ne s'élimine que très lentement et les sous-sols contaminés le seront encore durant un siècle. Ne s'en laissant pas compter, Élise Lucet débarquait avec la caméra en plein milieu d'un dîner réunissant un député et un sénateur PS et trois sénateurs LR autour du patron de Syngenta en France, Denis Tardit. Alors qu'elle questionnait l'industriel, visiblement mal à l'aise, sur les résidus nocifs d'atrazine dans l'eau du robinet d'une commune d'Eure-et-Loire, un des sénateurs présent, Michel Raison (Haute-Saône), l'interpellait : « Le jour où on fait un repas de famille, si on allait vous interviewer, comme ça, vous seriez contente ? » À quoi la journaliste lui répondit : « Parce que vous êtes en famille là ? » Images désastreuses pour nos institutions et la démocratie, prouvant que le lobbying est encore une réalité. Alors que leur ministre de l'Agriculture, Stéphane Le Foll, se démène pour limiter l'usage des produits phytosanitaires toxiques, deux parlementaires socialistes participent à ce genre de réunion. La République a encore du boulot.

Une évidence, même si la tâche est immense, les axes se meuvent. Plus au niveau des mentalités que dans les actes, certes, mais la tragédie qui frappe notre agriculture et les dégâts sanitaires de la malbouffe ne peuvent qu'inciter à un changement de cap. Les déclarations des patrons de Nestlé France et de Carrefour sont les signes les plus probants car ils viennent de ceux qui actionnent les leviers. « Ce jour-là quelque chose a basculé », déclarait Winston Churchill au soir de la bataille d'El Alamein, où, pour la première fois, les forces de l'Axe subissaient un vrai revers. Avant de conclure : « Ce n'est pas la fin. Ce n'est même pas le commencement de la fin. Mais c'est peut-être la fin du commencement ».

La fin du commencement

Un début de guérison ? Pour le coup, ça remue dans les méninges politiques et l'on finit par l'admettre au sommet de l'État : ce que Nicolas Hulot décrypte calmement, José Bové prédit bruyamment et le Pr Charles Sultan redoute doctement, à savoir que l'on va droit dans le mur, et à fond la caisse, n'est ni du tapage diurne, ni de la statistique anxiogène, mais bel et bien la réalité à court terme. Et que c'est bien au moment de passer à table que le citoyen peut inverser les tendances. Il a été dit plus haut que deux pistes déterminent la contre-attaque antimalbouffe, la piste sanitaire liée à la nocivité de certains aliments et la piste environnementale liée aux effets polluants du productivisme industriel.

Le citoyen peut-il prétendre les emprunter ? Évidemment. La première se traite par une modification drastique de nos mœurs alimentaires. Et si l'on martèle, depuis longtemps déjà, sous toutes les formes de communications possibles, qu'il convient de manger équilibré et sans excès, ni trop sucré, ni trop salé, ni trop gras, avec avantage à la proximité et au respect de la saison, en préférant le durable au profitable et le naturel à l'artificiel (c'en est devenu un catéchisme), il faut désormais établir des échelles de valeurs politiques en privilégiant, dans l'ordre, le produit régional au national, le Français à l'Européen, l'Européen au non-Européen et le continental au planétaire, sans rejet de rien, ni de personne, et sans repli sur soi.

La vraie guérison viendra de la détermination du consommateur à prendre le taureau par les cornes pour éviter que la vache ne devienne encore plus folle. Choisir une tomate provençale bio à la place d'une espagnole traitée, en payant deux euros de plus du kilo, c'est, on l'a dit, économiser dix euros de valeurs négatives, prélevés sur la facture chimique, sanitaire et sociale, qui sera présentée tôt ou tard au consommateur comme au producteur pour avoir accepté de rogner sur l'avenir. Mais faut-il encore lui en donner les moyens, au consommateur. Et que l'on ne nous sorte pas du placard à clichés la litanie du trop cher, ce mensonge copieusement entretenu par les marchands de poison. Le prix le plus bas dissimule toujours un vol, ou un viol, qu'il faudra rembourser tôt ou tard. Le plat fabriqué en usine, à base d'ingrédients lointains cultivés au *round up* et récoltés par des parias, saturé de graisses hydrogénées, vendu en grande surface et cuit au micro-ondes, avalé en cinq minutes avec une boisson sucrée devant la télé, coûte infiniment plus cher au smicard, en dépense, en temps, en médicaments, en durabilité et surtout, en bilan humain, qu'une soupe aux poireaux ou une omelette aux champignons préparée en dix minutes avec des œufs sortis du cul de la poule.

Facile à dire? Tout à fait, et de surcroît facile à faire. Surtout si l'on veut bien se donner le temps de faire des courses qui ont un sens et une cuisine qui a du goût. La salade en sachet plastique et la carotte râpée en barquette sont une forme de décadence sociale. Guérir de l'infamie d'un système qui repose sur le conditionnement des masses consiste à informer ces masses, à les motiver, et, si cela ne suffit pas, à les pousser à la révolte alimentaire. Indignez-vous du contenu de votre assiette et ce sera le début du commencement de la solution. À table citoyens ! À table citoyens !

Guérir dans l'assiette

Il existe bien une bouffe qui guérit, ou, du moins, une forme d'alimentation qui cesse de nous faire du mal. Nous connaissons tous le concept des alicaments, ces aliments qui soignent, ou prétendent, soigner une maladie alors qu'en réalité ils ne font, au mieux, et selon les cas, que la prévenir ou la retarder. Ce qui n'est déjà pas si mal. Aucun médecin, biologiste ou nutritionniste, n'osera jamais prétendre qu'un aliment peut à lui seul faciliter la rémission d'une maladie, ni même soigner une pathologie légère, car c'est scientifiquement indémontrable. Tout au plus, peut-on établir une corrélation formelle entre la consommation de certains aliments et l'amélioration d'un état de santé, voire l'atténuation d'une affection donnée, mais en aucun cas décréter que tel ou tel aliment a soigné un cancer, ni même permis la régression d'une tumeur, pour ne citer que ce fléau dont on sait, en revanche qu'il est souvent engendré par une mauvaise alimentation. Il existe une bouffe cancérigène, certes, et il existe des produits qui, dans un contexte très précis, peuvent éviter ou retarder la cancérisation de la cellule, nous y reviendrons plus loin, mais en aucun cas il n'existe à ce jour d'aliments dont on peut affirmer médicalement qu'ils guérissent. La seule chose qui soit incontestable, est qu'il y a des aliments sains et des aliments malsains, intrinsèquement ou abusivement, et que nul n'est autorisé à dire aujourd'hui qu'il n'a pas les moyens de le savoir.

Dans les civilisations et croyances extrême-orientales, l'acte alimentaire est médicinal, puisque la nourriture est, en soi, considérée comme un médicament. Reprenant le concept, la science occidentale a voulu inventer l'aliment qui soigne, y compris à l'échelle industrielle, en recherchant le repas idéal. Un rêve qui eût pu aboutir sans difficulté si le marché n'avait décidé un beau jour, projetant le bénéfice d'un tel enjeu économique, d'en faire sa source de profit principal. Dans le domaine du vital, le marché ne peut, jusqu'à nouvel ordre, facturer l'air que l'on respire ou la lumière du jour. En revanche, à défaut de pouvoir vivre de la cueillette, de la pêche et de la chasse (ça s'est vu), l'être humain se voit facturer l'eau (sauf celle du puits ou de la rivière) et, de fait, tout ce qu'il mange hors état sauvage. Il convient donc de repenser les lois de l'acte alimentaire. Si cet acte vital est aux mains exclusives du marché et que le marché ne veut être que marchand, dans quels cas, alors, peut-on parler, sans mentir, de guérison ? Tout est question d'interprétation.

N'empêche, contre toute attente et sans révéler de remède miracle, il y a une façon de pouvoir répondre oui. Elle repose davantage sur une éthique que sur un menu. Certes, nous nous situons davantage dans le préventif, mais prévoir c'est aussi guérir. En Chine, l'on paye son médecin quand on va bien car c'est grâce à lui et on cesse de le payer dès qu'on va mal car c'est à cause de lui. En tout état de cause, pour les sociétés occidentales, les aliments nocifs, pourtant connus et reconnus, n'ont pas le même statut que le tabac. Autant il est légal d'inscrire «Fumer tue» sur un paquet de cigarettes, autant il est inconcevable d'inscrire sur un plat cuisiné: «La consommation répétée de cet aliment chargé de gras trans peut supposer quelques minutes de vie en moins.»

Remis à Marisol Touraine, ministre de la santé, le 28 janvier 2014, par les professeurs Serge Hercberg et Arnaud Basdevant, le rapport intitulé «Propositions pour un nouvel élan de la politique nutritionnelle française de santé publique» propose, entre autres mesures urgentes, d'afficher une échelle de qualité des aliments par un signal coloré, selon leurs effets, sur l'emballage, de réguler la publicité selon lesdites qualités, et de taxer les produits susceptibles de poser un problème sanitaire. Il a été voté en novembre 2015 par l'Assemblée nationale. Comme il fallait s'y attendre, sous la pression des lobbies, il a été vidé de son efficacité par le décret d'application le concernant. Comme pour l'amendement Nutella, repoussé par Marisol Touraine, les socialistes préfèrent la malbouffe libérale à la morale alimentaire sociale. Un jour, ces gens-là devront s'en expliquer.

Une affaire d'État

Nous est-il permis de rêver, nous qui défendons cette idée folle, qu'un jour – pourquoi pas en 2017 ? – une candidate ou un candidat à la présidence de la République française inscrive au cœur de sa profession de foi électorale une grande idée ? Celle, dans un élan national de restauration des valeurs citoyennes, de rétablir dans ce pays le droit à une alimentation qui nourrisse la population, sans préjudice d'aucune sorte, et rétablisse ceux qui la produisent dans leur honneur et leur dignité. Celle de mettre en place un programme scolaire d'éducation citoyenne du consommateur concerté avec le ministère de l'Agriculture.

Les bases existent, dites « classes du goût », créées par Jacques Puisais en 1975 puis expérimentées un temps dans certains collèges. Un éveil sensoriel qui permette au client de demain d'apprendre à consommer pour se faire du bien, pour soutenir une agriculture qui le nourrisse sainement tout en préservant l'environnement, pour soutenir une industrie agroalimentaire créatrice de richesse et d'emploi dans le respect d'une agriculture porteuse d'avenir, pour soutenir un artisanat employeur garantissant la pérennité de savoirs faire et d'activités. D'autant qu'il y a urgence car une enquête de l'ASEF (Association Santé Environnement France) rendue publique le 23 mai 2013, et qui fit grand bruit à l'époque, révélait que 87 % des 8/12 ans ne savent pas reconnaître une betterave ou un poireau, ignorent si le yaourt contient du lait et ne peuvent pas dire de quel animal provient le jambon. Voilà à quoi ressemblent les consommateurs de demain. Pas de quoi rassurer l'agriculture paysanne, ni le commerce de proximité.

À l'initiative du ministère de l'Éducation nationale et de celui de l'Agriculture, une expérimentation de classes du goût a bien été lancée en 2012, à discrétion du proviseur, dans certains établissements scolaires de six anciennes régions pour « appliquer une méthode d'éveil sensoriel montrant aux enfants comment apprécier les aliments, prendre conscience de leur patrimoine culinaire et éveiller leur curiosité alimentaire ». Le programme ne constituant pas la priorité de Najat Vallaud-Belkacem, pour laquelle les termes « éveil sensoriel » et « patrimoine culinaire » doivent avoir des relents frontistes puisqu'ils évoquent plutôt l'idée d'une France – chrétienne – blanche – à inclination – raciste, du fait que le cochon est une nourriture « confessionnelle » qui empêche la laïcité d'émanciper les cantines scolaires du saucisson vichyste, les classes du goût ont été purement et proprement enterrées.

L'objectif ne se limite d'ailleurs pas à l'éducation alimentaire mais à apprendre, et à se convaincre, de consommer moins mais mieux. Ne serait-ce que sur la question du gaspillage. Chaque année, chaque Français jette en moyenne 7 kg d'aliments frais emballés. Des millions de tonnes de nourriture qu'une gestion rationnelle devrait, par un rééquilibrage des volumes, reconvertir en profit pour des agriculteurs qui pourraient ainsi réduire leur production en accroissant leurs revenus. À ceux qui ne voient dans cette idée que foutaise et chimère, irréalisme et incantation angélique, fantasme de nostalgique du bon vieux temps ou doctrine du renfermement sur soi-même dans un monde déconnecté, il suffit de répondre que, sur le terrain de la compétitivité internationale, l'agriculture française sera toujours battue par des systèmes qui produisent encore moins cher et toujours plus infâme. Et qu'à ce jeu-là nous y laisserons nos racines et nos épis, nos plumes, nos poils et nos sabots.

Ce qui est évident, c'est que cette rationalisation cartésienne de la production passe par une émancipation vis-à-vis des diktats bruxellois tels qu'ils sont énoncés et imposés. Sans défaire l'Union européenne, pourquoi la France ne revendique-t-elle pas l'application de l'article 5 du traité de Maastricht sur le principe de subsidiarité, précisément en matière de normes agricole ? Le gouvernement de la République Française a-t-il encore le droit d'être maître chez lui pour organiser son marché national quand il s'agit de sauver un pan fondamental de son économie ou doit-il regarder crever ses paysans sans rien faire ? Dans la mesure où le fameux « marché unique » n'a fait pour l'heure que faciliter le massacre de certaines filières agricoles, la France a toute légitimité à décider de mesures unilatérales pour retrouver un minimum de dignité face à sa paysannerie sinistrée ? Là aussi, à table citoyens ! Pour venir en aide aux filiales éprouvées. Ni les informations, ni les circuits ne manquent dans ce pays. C'est la mobilisation qui est paralysée.

Refaire des paysans

Enfin, projet d'envergure, repeupler nos campagnes avec des paysans professionnels installés dans des activités à débouchés rentables. Les exemples foisonnent, dans toutes les régions, dans toutes les filières. Mettre ou remettre en culture des terres abandonnées tout en créant des systèmes agricoles conformes aux enjeux contemporains, dans une juste productivité. Et, ainsi, permettre de satisfaire 99 % de la demande intérieure et d'en exporter l'excellence vers des marchés demandeurs.

La France a besoin de ses paysans pour vivre, pour être, pour durer. Et eux ont besoin du pays pour exister. Mais pas n'importe quels paysans. S'il est entendu qu'une agriculture à grande échelle, tournée vers l'international, donc soumise à une concurrence libre et non faussée (sinon ce n'est pas la peine), aura toujours sa raison d'être, il est acquis qu'une agriculture liée à la demande intérieure, sensible aux valeurs durables doit s'installer dans le paysage économique français. Une nécessité nationale qui ne se concrétisera que si, de son côté, le citoyen passe à table pour l'exiger. Nous savons désormais quels mécanismes peuvent favoriser de telles dispositions. Un président de la République peut-il envisager de relancer l'agriculture en redéfinissant des priorités de production adaptées à ce marché, lui-même refondé sur une démarche citoyenne par une vaste campagne nationale de promotion de l'alimentaire français. Il ne s'agit en aucun cas d'un repli protectionniste derrière les frontières mais de la garde d'une agriculture qui autorise la France à rayonner à nouveau autour du monde et à accepter sans les craindre les importations de produits agricoles sains.

Une grande puissance agricole comme la France peut-elle tirer profit de ses formidables atouts et briller par ses performances qualitatives ou doit-elle, à l'ombre de ses médailles passées, laisser dépérir ce trésor sous prétexte que la dictature des marchés est une nécessité ? Bien manger, se nourrir sainement, être en harmonie avec son environnement alimentaire et prendre conscience de la dimension culturelle de ce que l'on met dans son assiette est déjà un pas gigantesque pour faire de l'instant de table un facteur d'heureuse et longue vie. Un grand chef politique ou de gouvernement aura-t-il un jour le courage d'affirmer que les Français doivent apprendre ou réapprendre à manger ? Non pour en faire des gastronomes patentés, cela relève du choix personnel, mais des consommateurs éclairés, donc des clients avisés, donc des acteurs d'une économie sociale redonnant corps et âme à une agriculture et à un artisanat qui, eux-mêmes, dès lors qu'ils seront l'objet d'une demande régénérée par un besoin collectif de consommer ensemble ce qui nous rassemble, pourront renouer avec une offre qualitative, nutritionnelle, durable, accessible, rentable et créatrice d'emplois, enfin conforme aux exigences du pays.

Prise de conscience

Est-ce donc vraiment demander la lune que d'instaurer définitivement et structurellement les classes du goût, citées plus haut, à l'école de la République, afin que la jeunesse, au palais souvent formaté par la malbouffe, n'ayant d'autres références que celles des marques imprimées dans leur cerveau disponible par la publicité télévisée, disposent des éléments de comparaison et de sélection qui leur permettent, dès demain, d'acquérir des mœurs alimentaires en adéquation avec les enjeux du moment et de préserver une forme de consommation à visage humain ? En une idée, cesser de réduire la part de l'essentiel au profit de l'illusoire et rendre à la dépense utile la place que lui a piquée la futile. Un litre de lait frais chaque matin profite beaucoup plus à celui qui le boit, et à la France, qu'un gadget électronique polluant fabriqué en Chine. Ça peut aussi s'apprendre à l'école. Ridicule ? Mais quand le ridicule évite de tuer...

Est-ce vraiment demander la lune que soit indiquée sur les produits transformés, c'est-à-dire les plats cuisinés, l'origine des viandes entrant dans leur composition, conformément au principe de traçabilité permettant au client de savoir enfin d'où provient le bœuf qui est dans ses lasagnes au cheval roumain ? Curieusement, malgré l'affaire Findus et les engagements du gouvernement français à obtenir cette traçabilité, fût-ce à titre unilatéral, la Commission Européenne maintient son refus et interdit à la France de l'appliquer chez elle. Trop cher pour l'industrie ! Le peuple n'a pas à savoir de quel pays vient le jarret de veau avec lequel a été préparé l'osso-buco de la marque Bidochon ni de quel continent arrive le singe du corned-beef. Tout au plus Stéphane Le Foll avait-il pu, le doigt de Bruxelles pointé sur sa mesure subversive, instaurer le label «viande de France», volontaire et facultatif, mais bien pensé, signalant et authentifiant les fabrications à base de chairs françaises.

Eh bien, ô miracle, mais que de tourments pour y parvenir, le gouvernement français a décidé unilatéralement, en février 2016, sans l'accord de la Commission européenne, de rendre obligatoire la traçabilité des viandes entrant dans la composition des produits transformés. Décision qui fera l'objet d'un décret ministériel signé par Stéphane Le Foll. Pour faire passer la pilule, et ne pas s'attirer les foudres du Conseil d'État, la France a proposé que ce soit une expérience pilote menée sur trois mois. En conséquence de quoi le consommateur, dûment informé, pourra, s'il le souhaite, orienter ses achats dans le sens d'une priorité française si elle est qualitative.

En achetant ces produits tricolores, on guérit, un peu, voire beaucoup, la détresse des éleveurs de la filière bovine qui se font rafler le marché par des minerais de barbaque non identifiés et venus de nulle part. Le patriotisme alimentaire n'est plus un affreux réflexe cocardier suscité par le rejet de l'étranger, ou une quelconque forme de xénophobie culinaire, mais un moyen efficace de préserver un patrimoine économique et social qui nous soigne et nous donne de surcroît un peu de plaisir à table tout en valorisant le travail de nos agriculteurs. Puisque la chose a pu se faire en février 2016, avec un peu de détermination politique, pour ne pas dire de courage, ne pouvait-elle se faire en février 2015, ou 2014 ? Combien d'éleveurs et de producteurs français n'auraient-ils pas été soulagés ou aidés par cette disposition légale ? Comme quoi les routes barrées et les villes assiégées sont souvent plus efficaces que le dialogue social. Et si, en plus, un ou deux drames humains viennent peser dans la balance, ça aide à se donner du courage. Il y a parfois comme un retour aux bonnes vieilles mœurs médiévales dans ce pays. Oyez, oyez, messire président, mandons notre connétable vous bailler cent quintaux de fiente sur le pont-levis d'l'Élysée. Eh, mollo les gueux !

Pour le citoyen, il s'agit d'agir dans son assiette, car il n'est plus d'acte d'achat innocent ou neutre dès lors que l'on sait à quel point l'agriculture française crève de la concurrence déloyale d'importations avec lesquelles l'Europe lui interdit de concourir. S'engager, car à chaque fois qu'une main est posée sur un emballage ou une étiquette, il convient d'y chercher l'information attestant que le produit provient d'un système de production ou de fabrication préservant une authenticité agricole, un artisanat de savoir-faire, une profession intelligente ou un environnement protecteur. Mais tout cela est fragile. Il ne s'agit pas de se nourrir pour protéger les maillons faibles mais de s'assurer que l'acte d'achat fait du bien à des femmes et à des hommes qui se battent pour nous donner de bonnes choses à manger, fait du bien aux paysages qui rendent la France si belle et fait du bien à l'économie du pays. Autrement dit soutenir ceux qui se donnent du mal pour nous faire du bien. Cette attitude guérit de ce qui, au bout du processus, nous agresse. Et de ce fait, manger, c'est voter, car lorsque je ne remplis mon réfrigérateur que de logos et de slogans vendus par des enseignes et des grandes surfaces dont l'objectif est de faire fortune sur la ruine de ceux qu'ils étranglent, alors je vote à la fois pour le profit de l'étrangleur et pour la mort de l'étranglé.

Manger c'est voter

Manger c'est voter, par le choix citoyen du produit bon, propre et juste, pour guérir le monde de l'insouciance ou de l'indifférence avec laquelle les masses achètent des fruits et légumes bien calibrés, bien réguliers, bien alignés, bien jaunes, bien rouges, bien verts, sans âme, sans saveur, mais saturés de pesticides, de fongicides et d'insecticides, que l'on met machinalement dans le chariot au côté d'une volaille aux antibiotiques ou d'un laitage sans âme fabriqué en machine, puis dans sa bouche. Les grands cartels laitiers qui lessivent l'élevage de qualité avec leurs mixtures mondialisées donnent désormais dans la traite du blanc.

Alors que les éleveurs français, au-delà du désespoir, font le siège des centrales d'achat de la grande distribution et encerclent avec leurs tracteurs les bunkers de l'industrie laitière, le consommateur doit savoir que 95 % de la viande qu'il achète en grande surface est nourrie avec du tourteau de soja ou de maïs OGM importé du Brésil et d'Argentine par les grands groupes céréaliers. Pour gagner ces méga-plantations sur la forêt amazonienne, dont une grande part est destinée à la production d'agrocarburants, les grosses sociétés de nutrition animale qui financent le projet n'hésitent pas à faire évacuer par la force, voire pire, les populations indiennes qui vivent là depuis la nuit des temps. Pas moins de 300 Indiens tués en 2014 pour s'être opposés à la confiscation militaire de leur territoire. En achetant un bifteck sur l'étal de l'une de ces enseignes, nous participons indirectement au massacre. Résorber ce fléau, donc, en soutenant, par tous les moyens, fût-ce un seul achat mensuel d'un petit morceau de bavette, les éleveurs français qui renouent avec l'élevage à l'herbe (lequel ne pollue pas, ne vide pas les nappes phréatiques et ne chasse personne), ce bon vieux pâturage qui, après avoir donné le meilleur lait du monde pour nous offrir le camembert, le reblochon et le saint-nectaire, permet à la vache de se doter d'une viande exceptionnelle, respectueuse de la nature et de la santé. Guérir ? En ne mangeant plus de cette barbaque intensive qui abîme la planète (et tue les Amazoniens) et en mangeant, un peu moins, ça tombe bien puisqu'il faut réduire notre consommation carnée, de cette délicieuse entrecôte normande, charolaise ou limousine élevée à l'herbe, qui rend l'agriculteur français si heureux. Ou des morceaux moins chers mais néanmoins exquis.

Curieusement, chaque fois qu'une filière traditionnelle essaie de relever la tête, un événement survient mettant un terme au sursaut. S'appuyant sur des études sorties de leur contexte, certaines instances, relayées par certains médias, se plaisent de temps en temps à jeter des anathèmes sur des aliments traditionnels en laissant s'installer la confusion. Ainsi, a-t-on voulu faire croire que la viande rouge et la charcuterie tuaient. Publié en octobre 2015, un rapport du CIRC (Centre international de recherche sur le cancer), basé sur 800 études, indiquait que la consommation quotidienne de 50 g de viande fraîche transformée (bœuf, porc, agneau, volaille) et cuisinée, peut accroître le risque de cancer colorectal de 18 %. Or ces études se réfèrent à des données provenant à 90 % des États Unis, où la consommation de viande, sur le fond et sur la forme, n'est en rien comparable à la nôtre. La ration moyenne du steak américain est de 400 à 500 g, en France elle est de 100 g. Leur viande rouge est riche en calories (500 ca pour 100 g contre 200 ca de moyenne en France), avec un taux de lipides de 24 % là-bas contre 4 % chez nous. L'évidence est là. Nous ne mangeons pas la même chose. Qu'importe, on nous a balancé l'info comme parole d'évangile. Qu'en est-il en réalité? L'Américain cuit sa viande à la flamme vive en prise directe (grill, barbecue) avec formation en surface d'hydrocarbures polycycliques issus de la carbonisation des graisses et des protéines. Le Français, lui, déguste sa viande saignante, ou bleue, et parfois crue (tartare). Enfin, le cheptel américain est nourri au tourteau de soja OGM à haute dose (car cela engraisse rapidement l'animal) assorti d'hormones et de compléments alimentaires chargés de produits synthétiques. Cela a-t-il clairement été dit ?

Au-delà de ces chiffres, tout dépend de la quantité de viande ingurgitée. Oui, nous consommons trop de viande, et, surtout, trop de mauvaise viande, mais cela n'est pas inéluctable. Avec un budget constant de 18 €, au lieu d'acheter 6 fois un mauvais morceau de viande importé de loin à 3 €, mieux vaut acheter un bon bifteck français à 6 € et manger autre chose les trois jours sans viande. Ainsi le consommateur doit-il s'enquérir de l'effet positif, ou négatif, de son achat, en vérifiant ce qui est marqué sur l'étiquette pour s'assurer que le produit en question préserve un système agricole équitable, l'environnement et la santé de l'individu. *Idem* pour la charcuterie. Le jambon et le saucisson de campagne au cochon français sont innocents, les rillettes aussi. Car c'est bien le porc industriel confiné dans des usines animales et saturé d'antibiotiques qui est ici en cause. On sait que cette forme de production (ne parlons plus d'agriculture), fondée sur l'intensif concentrationnaire, est dévastatrice à bien des points de vue, et qu'elle suppose l'éradication à court terme de nos exploitations de moyenne structure, celles dont la France a besoin pour retrouver un équilibre conforme à la demande intérieure et aux niveaux de revenus minimums espérés par nos agriculteurs aux abois. Le remède ? À table citoyens.

Industrie agricole

Légèrement bornés, obsédés par leur vision exclusivement financière des enjeux agricoles, Xavier Beulin et ses lieutenants de la FNSEA, même si une grande partie de leur base ne se sent plus représentée par eux, ne l'entendent pas de cette oreille. Avant qu'il ne se fasse prendre la main dans le sac en avril 2014 par les enquêteurs de l'émission « Capital », sur *M6*, qu'animait alors Thomas Sotto, Xavier Beulin possédait une société du nom de Farmor (filiale de Glon-Sanders), à Saint-Agathon, près de Guingamp, qui importait des milliers de tonnes de poulets industriels brésiliens au détriment des éleveurs français, dont un grand nombre d'inscrits à la FNSEA. Souvent conspué par ses adhérents conscients d'être les dindons de la farce, Xavier Beulin, qui, d'une main, envoyait ses commandos faire le coup de force contre les importations de viandes étrangères et, d'une autre, s'enrichissait avec ses poulets pour *fast-food*, s'est débarrassé sans tarder de sa filiale volailles. En octobre 2014, Farmor et six abattoirs étaient vendus au groupe LDC, géant industriel spécialisé dans l'alimentation animale.

Quand on pense que c'est cet homme, patron de la multinationale Avril (ex Sofiproteol), ex nº 1 de la nutrition animale en France (Adonial), nº 1 des graines oléagineuses en Europe (Expur), nº 1 de la production de biodiesel en Europe (Prolea, Diester), nº 1 de l'oléochimie en Europe (Expur), nº 1 des huiles alimentaires en Europe (Lesieur, Puget, Bunica) et au Maroc (Taous, El Kef), nº 1 du porc industriel en France (Abera), avec 1 165 000 têtes abattues en 2015 dans des usines traitant 650 porcs à l'heure, qui préside le premier syndicat agricole français et discute avec le ministre de l'Agriculture (qu'il voue d'ailleurs aux gémonies), des mesures à prendre pour sauver nos paysans, on se dit que quelque chose ne tourne pas rond dans ce pays. Est-il un responsable lucide dans cette organisation pour expliquer à ce monsieur que, malgré tous ses talents financiers, sa place n'est plus à la tête du premier syndicat agricole français ?

Alors oui, à table citoyens, pour inverser ces sinistres mécanismes et parce que manger c'est voter. L'acte alimentaire est devenu un acte politique. Dès lors que l'on choisit telle ou telle forme d'alimentation, tel ou tel type de produit, on sait ce que cela implique comme conséquence sur une multitude de phénomènes. Celui-ci va aider nos agriculteurs à survivre, celui-là au contraire va aggraver leur marasme. Voter en mangeant c'est guérir en partie, mais sûrement, les plaies qui font que nos paysans se suicident, que nos artisans mettent la clé sous la porte sans successeur, que nos industriels de l'agroalimentaire, de bonne ou mauvaise foi, sont contraints d'acheter de la merde s'ils veulent rester compétitifs sur le marché fixé par la grande distribution, que nos commerçants de proximité tirent définitivement le rideau face à la concurrence contiguë d'une supérette dont l'enseigne nationale a été autorisée par la LME (Loi de modernisation de l'économie, conçue par Emmanuel Macron quand il était rapporteur du plan Attali) à s'installer en « cœur de ville » (Loi aussi néfaste pour la France que celle des 35 heures). Voter en mangeant c'est guérir en partie, mais sûrement, les effets de nos carences en aliments sains, partout où on le peut, favoriser la production locale, ou la plus proche, en adhérant à une AMAP (Association pour le maintien d'une agriculture paysanne) dont les paniers garnis à partir de légumes et fruits frais de saison, cultivés selon des méthodes durables, sont livrés à date régulière jusqu'au centre des grandes agglomérations. Voter en mangeant c'est privilégier les circuits courts face à ceux qui nous agressent ou ruinent nos paysans. La France est sans doute le pays du monde où l'on mange le mieux et le plus mal à la fois. Et si un certain nombre de salauds, puissants et influents, régissent le processus global de la malbouffe, il existe de plus en plus de héros qui luttent d'arrache-pied pour enrayer ce mal et rendre à ce pays le goût du bonheur et le courage de se battre. Les accompagner dans cette mission par une consommation citoyenne et responsable (le slogan était affiché en énorme au salon de l'Agriculture 2016 alors qu'il y aurait été interdit il y a dix ans), c'est participer à la guérison des maux qui nous détruisent. Il faut y croire, il faut agir en ce sens.

Équation de base : 66 millions d'habitants en France se nourrissent, normalement, trois fois par jour. Cela fait, en gros, 198 millions d'actes alimentaires quotidiens. C'est-à-dire 5 940 000 000 d'actes alimentaires par mois, soit 71 280 000 000, nous disons bien soixante et onze milliards deux cent quatre-vingts millions de repas par an. Je me refuse à croire qu'une demande aussi gigantesque pour le seul marché intérieur d'un pays qui dispose du plus puissant, du plus diversifié et du plus prestigieux patrimoine agricole et alimentaire du monde ne puisse créer, au-delà du plein-emploi dans ce secteur économique, la pleine richesse pour l'agriculture et l'agro-industrie françaises. Si seulement 10 % de cette demande, même 5 %, s'engage pour, alors la mécanique est inversée.

Lorsqu'un paysan français en arrive à un tel point de désespoir qu'il finit par se pendre dans sa grange, alors qu'il devrait être l'homme le plus heureux du monde, on est en droit de considérer que ceux qui dirigent l'agriculture française depuis 40 ans sont de grands incompétents, des gros nuls, voire des salauds, éventuellement des criminels inconscients. Je pense évidemment aux dirigeants successifs du syndicat cogestionnaire de l'agriculture française et surtout, malgré la maladie qui le frappe, à celui qui donna le « La » de la politique agricole française durant près de vingt-cinq ans et qui se faisait passer pour l'ami des paysans à force de pincer le cul des vaches : Jacques Chirac. Les couvrant de subventions européennes, cet homme a transformé les agriculteurs en assistés sans recours. Ne serait-ce, rappelons-le, l'adoption du programme d'agroécologie par le Parlement en septembre 2014, nouvelle donne qui reste à construire compte tenu de l'opposition agressive de la FNSEA et de la réticence de tous les exploitants encore inféodés à l'ancien système, nous en serions toujours là. Quel ignoble gâchis !

Il y a bien eu des pionniers, des explorateurs, avec la volonté de vivre une agriculture différente, notamment dans la démarche biologique, dont certains sont aujourd'hui à la tête d'exploitations modèles, mais cette idée, malgré ses succès et une progression indéniable, reste pour l'heure minoritaire dans l'univers paysan. Comptons sur le témoignage d'un homme comme Thierry de Pierrepont pour démontrer que le bio à grande échelle est à la fois possible, rentable et productif. Installé à Lessay, dans le Cotentin, ce producteur de légumes cultive des carottes et des poireaux sur 150 hectares en rotation. Il emploie pour cela une vingtaine de salariés qui peuvent monter à 50 lorsqu'une plus forte demande appelle un surplus de main-d'œuvre. Adeptes des méthodes culturales dictées par l'agronomie traditionnelle, celle des anciens, enrichie de ses paramètres durables, Thierry de Pierrepont fournit aujourd'hui plus de 25 % des carottes et des poireaux vendus dans les magasins Carrefour. Sans que les négociateurs cherchent à l'étrangler. Comme quoi la grande distribution, que nous accablons ici, sait aussi trouver la voie de la raison quand elle le veut. Et s'il faut un jour l'accompagner dans cette redéfinition éthique, le réflexe citoyen consistera aussi à répondre présent. Il reste encore du chemin.

D'autres exemples existent mais celui-là est bien significatif d'une évolution courageuse et intelligente de l'agriculture française. Signalons au passage que les confrères de Pierrepont demeurés en agriculture industrielle font le même rendement, sur le quart de sa surface, avec une équipe de trois salariés, pour des légumes saturés de chimie payés deux fois moins cher. À méditer. À ce propos, Thierry de Pierrepont attend toujours la visite de Stéphane Le Foll pour lui faire admirer les prouesses d'un projet agroécologique accompli.

Quand deux citoyens partagent des valeurs, ils peuvent passer à table et trinquer à l'avenir de la France. Avis à l'intéressé : 02 33 76 58 90.

Passer à l'acte, à un moment donné, conscience prise et volonté forgée par l'impérieuse nécessité de s'extraire d'un processus qui conduit à la désolation des sols et des sociétés, tel est la priorité pour le citoyen français en 2016. Il suffit pour cela d'un déclic, d'une lueur, d'une conviction et de quelques outils pour prendre sa résolution. Ne rien faire, ne pas se bouger, c'est condamner nos enfants à l'apocalypse.

On ne compte plus les ouvrages, les sites, les publications, les conseils avisés, prodigués par des professionnels et des spécialistes compétents et reconnus, qui donnent la clé d'un comportement apte à nous guérir des mauvais choix, des mauvais réflexes et des mauvais produits. Quant aux médias, imprimés ou audiovisuels, ils publient et diffusent sans relâche les informations attirant l'attention du public sur les précautions à prendre ou les options à favoriser. Mais il n'est pire sourd que celui qui ne veut pas voir et pire aveugle que celui qui ne veut pas entendre. L'indifférence blasée, qui conduit, sur un autre registre, l'électorat à se détourner des urnes sous prétexte qu'un bulletin de vote en 2005 ou en 2015 relève du pipi dans un violon, laissera-t-elle la voie libre aux fossoyeurs de notre alimentation nationale et le terrain déserté aux marchands du temple de la malbouffe globalisée ? Pas tant que des vigies, des guetteurs, des résistants et des patriotes, conscients que nous sommes ce que nous mangeons et que le contenu d'un repas façonne la société qui le digère, s'assureront que la science alimentaire répond à la conscience humaine. Résister, c'est donc observer et réfléchir, choisir et préférer, mais aussi écouter et regarder.

La nourriture qui soigne

Pour le reste, les progrès de la science et de la médecine, les efforts en matière de nutrition et de diététique, même s'ils sont parfois récupérés par des affairistes ou exploitées par des charlatans s'étant fait un *business* de leurs audiences médiatiques, les sacrifices consentis par certains leaders de l'industrie agroalimentaire, voire de quelques patrons de grandes surfaces conscients que le système auquel ils obéissent est, non seulement en train de tuer la poule aux œufs d'or mais de scier la branche sur laquelle ils sont assis, comme la prise en compte par les pouvoirs publics des impacts environnementaux et chimiques sur nos métabolismes, contribuent, comme autant de grains de riz, de blé, ou de quinoa, selon les latitudes, posés sur la balance, à endiguer, même modestement, le sinistre cataclysme. Montrant l'exemple parmi les grands pays industriels (même si son industrie a été laminée par la *panzer* stratégie allemande), la France s'est dotée d'un programme d'agroécologie qui, dans ses faiblesses, ses carences et ses concessions, est l'honneur de la République et doit rassembler la paysannerie française (en attendant que la période Beulin ne soit qu'un mauvais souvenir de nos propensions schizophréniques), autour de ce socle de notre identité nationale qu'est le droit du sol, donc de la terre, donc de la Terre.

Et puis il y a ces damnés de la terre, Mohicans des temps modernes qui représentaient 50 % de la population française au sortir de la Première guerre mondiale, dont un million d'enfants hachés par la mitraille entre 1914 et 1918, et ne pèsent plus qu'à peine 3 % en 2016, à qui l'on demande de continuer à nourrir le pays en ne vivant même pas des revenus de leur travail. Guérir de cette tragédie, de cette fracture ouverte de la saga paysanne, est un devoir national, car le jour où nous n'aurons rien d'humainement agricole à mettre dans nos assiettes, cela signifiera que la machine à malbouffe formatée aura triomphé et que le fameux repas gastronomique des Français, glorieusement classé au patrimoine culturel et immatériel de l'humanité par l'Unesco, ne sera plus qu'un testament vide de sens et de contenu.

Guérir en mangeant suppose donc que, à qualité certifiée, chaque Français ou habitant de la France achète prioritairement Français. En ce sens, la nourriture qui guérit est celle qui nous impose un code de conduite, qui nous incite à réfléchir à la portée de notre acte alimentaire, à écouter les conseils et à tenir compte des infos, à prendre nos responsabilités citoyennes. Et puis il y a, sur le plan strictement sanitaire, la nourriture qui participe du bien-être sanitaire. Les plus grands chercheurs et médecins se penchent depuis longtemps, et partout dans le monde, sur les équations et les interactions entre certains aliments et la santé. Parmi une foule de professionnels compétents, nous nous sommes intéressés de près aux avis et prescriptions du Pr David Khayat car il est l'un des praticiens autorisés à s'être penché de très près sur les rapports entre la maladie et le contenu de notre assiette. Formel quant au fait qu'il n'existe aucun remède miracle ni de menu salvateur, le Pr Khayat a publié différents ouvrages sur la question. L'un d'eux *Prévenir le cancer ça dépend aussi de vous*, pose les problèmes et les décrypte en des termes qui interpellent. Ce sont ses patients, ceux qu'il a suivis, accompagnés, mais qu'il n'a pu sauver, qui lui ont donné l'envie d'écrire cet ouvrage dans lequel il ne prétend apporter aucune solution révélée, mais seulement explorer des pistes dont il estime qu'elles peuvent conduire à une prévention de certains types de cancers. Ce médecin a trop vu de hâbleurs s'aventurer sur les remèdes aux effets assurés pour se risquer sur un terrain dont il connaît la mouvance, à commencer par ces fameux oméga 3, tant vantés par la cancérologie, et qui finalement ne se révèlent pas si bénéfiques que ça. Donc prudence.

Que dit le chef du service de cancérologie de l'hôpital de la Pitié Salpêtrière et professeur à l'université Pierre et Marie Curie ? Tout d'abord qu'il n'y a, concernant la prévention du cancer, ou des cancers, en l'état actuel des connaissances, aucune règle définitive, mais de fortes probabilités. Que le mécanisme provoquant le stress oxydatif des cellules, éléments déterminant du déclenchement de certains processus cancéreux, peut être lié à une alimentation malheureuse. Et qu'à l'inverse il existe des pratiques alimentaires heureuses qui rectifient la donne en réduisant les causes. Dans cette immense nébuleuse, les radicaux libres sont le vrai fléau. Que sont les radicaux libres ? En simplifiant à l'extrême, ce sont ces éléments produits par nos cellules quand elles « respirent » l'oxygène transporté par le sang depuis nos poumons. Cette « ingestion » d'oxygène provoque une « digestion » dont le résultat est ces radicaux libres, molécules très nocives, qui s'accumulent dans la cellule et jouent aux autos tamponneuses avec les enzymes, les protéines et, plus grave encore, l'ADN, dont le filament finit par s'altérer. Ce chaos génère un stress oxydatif de nos gènes, dont celui qui contrôle la multiplication cellulaire, susceptible de se dérégler. C'est là que survient le risque de cancérisation.

La solution ? Un contrepoison appelé antioxydant et que contiennent certains aliments. Le travail du Pr Khayat porte précisément sur les vertus antioxydantes de ces denrées et leur impact sur les cancers. De quelle façon ? Le cancérologue s'est évidemment prévalu d'études et de statistiques formelles avant d'établir son top 5 des aliments salutaires auquel il ajoute deux autres denrées. Un citoyen qui passe à table doit aussi s'intéresser aux vertus nutritionnelles et médicinales de certains aliments sans jamais basculer dans l'ésotérisme ou l'endoctrinement. On peut prendre soin de soi sans devenir végétarien, même si le végétarisme, qui est une déviance alimentaire en ce sens que l'être humain est biologiquement omnivore, peut être vécu sereinement. L'essentiel réside dans l'équilibre du repas. Rappelons-le, rien de trop et un peu de tout. Doxa que le citoyen à table peut faire sienne avec pugnacité.

Au menu, champions toutes catégories des antioxydants : la grenade, l'ail, le curcuma, le thé vert, le brocoli et deux oligo-éléments, le sélénium, composé minéral présent dans le thon et le jaune d'œuf, et la quercétine, un polyphénol contenu dans les câpres, l'oignon rouge et le raisin, avec, pour chacun d'eux, leurs propriétés respectives et l'art de bien les consommer. Attention, il n'y a pas plus d'aliments miraculeux que d'aliments interdits, il y a une juste gestion de ce que nous mangeons et un rejet total de l'excès. Sa devise, et celle de ses confrères, car là-dessus le corps médical est unanime, avec le soutien des nutritionnistes compétents, est : Rien de trop ! On peut goûter à tout, à condition de ne jamais en abuser.

Outre ses recommandations, David Khayat dissèque au scalpel la composition du « cocktail » cancérigène sur laquelle nous pouvons agir par une modification de nos mœurs, et décrypte, dans un langage accessible et concis, les mécanismes favorables à la maladie. Le témoignage est assez percutant. Telles sont, à ce jour, les avancées les plus crédibles et les plus probantes en matière d'alimentation et santé. Science nutritionnelle sans conscience citoyenne n'est que ruine de l'homme. C'est du monde de demain matin dont il s'agit, celui que nous allons laisser à la prochaine génération. C'est de ce que nous ferons de notre agriculture que nous pourrons préserver la ressource vitale.

Ayons à cœur que l'enfant grec ne nous accuse de l'avoir livré à l'holocauste alimentaire qui conduit aujourd'hui la planète à sa perte, sans lui laisser les moyens d'en réchapper. Parce que nous lui aurons donné la poudre de l'éducation gustative et les balles d'un marché vraiment libre et non faussé, il conviendra de lui reposer la question : « Que veux-tu ? fleur, beau fruit, ou l'oiseau merveilleux ? » Et de l'entendre enfin nous répondre : « Ami, j'ai la fleur, le beau fruit et l'oiseau merveilleux ». L'enfant grec et le français, avec tous les autres, pourront à nouveau rêver d'une Europe promise à un avenir respectueux des fleurs, des fruits, des oiseaux et des hommes disposés à préserver un tel trésor.

Nous l'avons dit, l'agroalimentaire est dans la contrainte bancaire, la publicité des produits de la malbouffe est un lavage de cerveau organisé et la grande distribution une place financière. Le salut de nos sociétés passe par leur retour à des objectifs de bon sens. Nous ne ferons pas sans elles mais viendra le jour où elles ne feront plus rien si elles s'enferment dans leur *doxa*. Il ne s'agit pas de disculper les marchands de sucre et de mauvaise graisse, mais le citoyen consommateur a aussi sa part de responsabilité. Malgré tout ce qui a été énoncé plus avant, rien ne l'empêche de prendre son destin alimentaire en main. S'il ne peut agir individuellement, microbe qu'il est devenu, sur les grands flux économiques mondialisés ou peser sur les enjeux politiques internationaux, il dispose, trois fois par jour, d'un levier lui permettant d'enrayer le sinistre mécanisme. Non, le monopole de l'hypermarché n'est pas une fatalité. Confier à Leclerc, à Auchan, à Carrefour, à Casino et à Intermarché la totalité de son alimentation c'est voter pour le système de civilisation que nous proposent ces enseignes : faire de l'être humain de la chair à consommation. À dix milliards d'habitants sur la terre, c'est l'apocalypse assurée. Nous savons, parce que ça marche, et sans revenus exceptionnels, qu'il existe d'autres voies, d'autres options. Il serait toutefois trop facile de n'incriminer que les institutions et l'industrie. Lorsqu'il en a les moyens financiers et qu'il ne change rien à ses mœurs alimentaires dans le sens d'une attitude responsable et citoyenne, le consommateur participe aussi à l'effondrement de notre patrimoine agricole. Il est donc temps que le contenu de l'assiette s'inscrive désormais au premier rang des enjeux politiques, que la préservation de ce patrimoine paysan devienne une priorité d'État, et que, redisons-le mille et mille fois, l'enseignement du goût à l'école participe de l'instruction civique des citoyens-consommateurs de demain. Sans quoi la « fabrique des crétins » alimentaires nous conduira tout droit à la « dictature des imbéciles ». Manger c'est voter. Alors, à table citoyens !

Post-scriptum

À VOS VERRES CITOYENS !

Parce que le vin soigne

Oui, l'alcoolisme tue. Oui, le vin contient de l'alcool. Oui, l'abus de vin peut être mortel. Que jamais il ne soit dit que nous prétendons ici le contraire. Fermez le ban. Doyen du William Harvey Institut, le Dr Roger Corder est professeur de thérapie expérimentale à la faculté de médecine de Londres. Depuis vingt ans, il se consacre à l'analyse des effets bénéfiques d'une consommation modérée et régulière de vin sur la santé et au décryptage de ces mécanismes. La rigueur de ses travaux est aujourd'hui reconnue par les plus hautes instances scientifiques. Pourtant, des études orientées, largement reprises par les médias, persistent à prétendre que le premier verre de vin est déjà cancérigène. En France, d'éminents cancérologues, parmi lesquels David Khayat, Jean-Louis Mouysset ou Annie Sasco affirment le contraire. Le vin est-il vraiment un poison ? On a vu autant de buveurs centenaires que d'abstèmes foudroyés par la maladie à 40 ans. Tout réside en fait dans l'hygiène de vie et le dosage de la consommation. Non seulement le Pr Corder démontre que le vin n'est pas mauvais pour la santé, mais il explique, en disséquant les mécanismes biologiques établissant l'interaction entre vin et santé, pourquoi et comment il faut en boire. S'appuyant sur plus de 200 travaux de confrères patentés, le chercheur a isolé une molécule présente dans les polyphénols, la procyanidine, aux propriétés antioxydantes et vasodilatatrices dix fois supérieures à celle d'une autre molécule connue pour des vertus similaires, le resvératrol. Présente dans d'autres végétaux, la procyanidol abonde surtout dans les raisins noirs chargés de tanins. Nous connaissions jusqu'ici le régime crétois, le syndrome d'Okinawa et le French paradoxe, bienvenu au miracle Sarde. C'est en effet dans la province de Nuoro, dans le centre est de la Sardaigne, que l'on trouve le plus grand nombre de centenaires en Europe (16 pour 100 000, contre 10 pour 100 000 de moyenne européenne), plus précisément dans le Gennargentu, une vallée isolée de la Barbagia. Le salut traditionnel dans cette contrée se dit d'ailleurs « *a kent'annos* » (à dans cent ans !).

Dirigé par le Pr Luca Deiana, un programme d'étude de la faculté de médecine de Sassari a cherché à comprendre le phénomène. Qu'y a-t-on trouvé ? Des centenaires à foison se nourrissant peu de légumes et de poisson, donc hors régime crétois, mais de produits gras, à savoir viande d'agneau et fromage de chèvre. Le mystère n'était donc pas dans l'assiette. En revanche, ces vénérables vieillards ont en commun de boire le vin rouge local, issu du cépage cannonau, aux tanins très concentrés. Analyses faites, il s'est avéré que les polyphénols du cannonau regorgent de procyanidine. Roger Corder a donc vu juste.

Un type de vin à comparer avec le saperavi produit en Géorgie, sur les hauteurs du Caucase, où l'on compte également une proportion de centenaires supérieures à la moyenne, au kotsifali, cépage cultivé, quant à lui, au centre de la Crète, mais aussi au volvoreta, vin produit en Espagne dans la province de Zamora. En France, c'est dans le Gers, avec le madiran, riche en cépage tannat (Domaine Laffont), mais aussi avec l'irouléguy que l'on produit en Navarre, près de Saint-Jean-Pied-de-Port (cuvée Ohitza de Jean Brana), que l'on trouvera les plus fortes doses de polyphénols chargés en resvératrol et en procynanidine. Donc stop aux anathèmes. Une seule certitude scientifique : ceux qui ne boivent jamais de vin se portent moins bien que ceux qui en boivent un peu. Telle est donc la devise inaliénable du salut de l'humanité et la clé d'un monde meilleur : rien de trop !

Table des matières

Composition : Le vent se lève...

Achevé d'imprimer en avril 2016
sur les presses de la Nouvelle Imprimerie Laballery
58500 Clamecy
Dépôt légal : mars 2016
Numéro d'impression : 604082

Imprimé en France

La Nouvelle Imprimerie Laballery est titulaire de la marque Imprim'Vert®